Die Chroniken von Opa

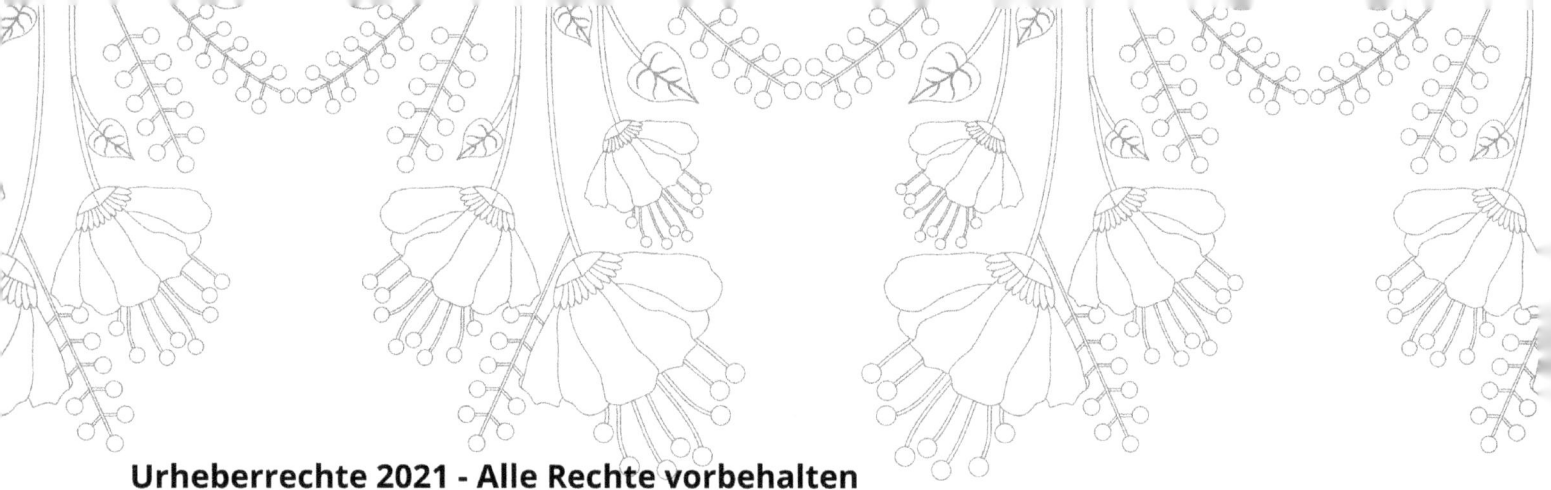

Urheberrechte 2021 - Alle Rechte vorbehalten

Sie dürfen den Inhalt dieses Buches ohne direkte schriftliche Genehmigung des Autors nicht reproduzieren, vervielfältigen oder versenden. Sie können hiermit trotz aller Umstände weder ndire noch ndirect den Herausgeber verantwortlich machen oder ihn rechtlich haftbar machen für jegliche Wiedergutmachung, Entschädigung oder Geldverlust aufgrund der hierin enthaltenen Informationen.

Impressum: Dieses Buch ist urheberrechtlich geschützt. Sie können das Buch für private Zwecke verwenden. Sie dürfen das in diesem Buch enthaltene Material ohne vorherige Zustimmung des Autors nicht verkaufen, verwenden, ändern, verteilen, zitieren, auszugsweise oder teilweise umschreiben.

Haftungsausschluss: Sie müssen beachten, dass die Informationen in diesem Dokument nur zum gelegentlichen Lesen und zu Unterhaltungszwecken dienen. Wir haben uns bemüht, genaue, aktuelle und zuverlässige Informationen bereitzustellen. Wir geben keine ausdrücklichen oder impliziten Garantien jeglicher Art ab. Die Person, die liest, gibt zu, dass der Autor nicht damit beschäftigt ist, rechtliche, finanzielle, medizinische oder andere Ratschläge zu erteilen. Wir setzen diesen Buchinhalt durch die Beschaffung verschiedener Orte.

Bitte konsultieren Sie einen lizenzierten Fachmann, bevor Sie die in diesem Buch gezeigten Techniken ausprobieren. Durch die Durchsicht dieses Dokuments kommt der Buchliebhaber zu dem Einverständnis, dass der Autor in keinem Fall für direkte oder indirekte Verluste verantwortlich ist, die ihm durch die Verwendung des in diesem Dokument enthaltenen Materials entstehen, einschließlich, aber nicht beschränkt auf - Fehler, Auslassungen oder Ungenauigkeiten.

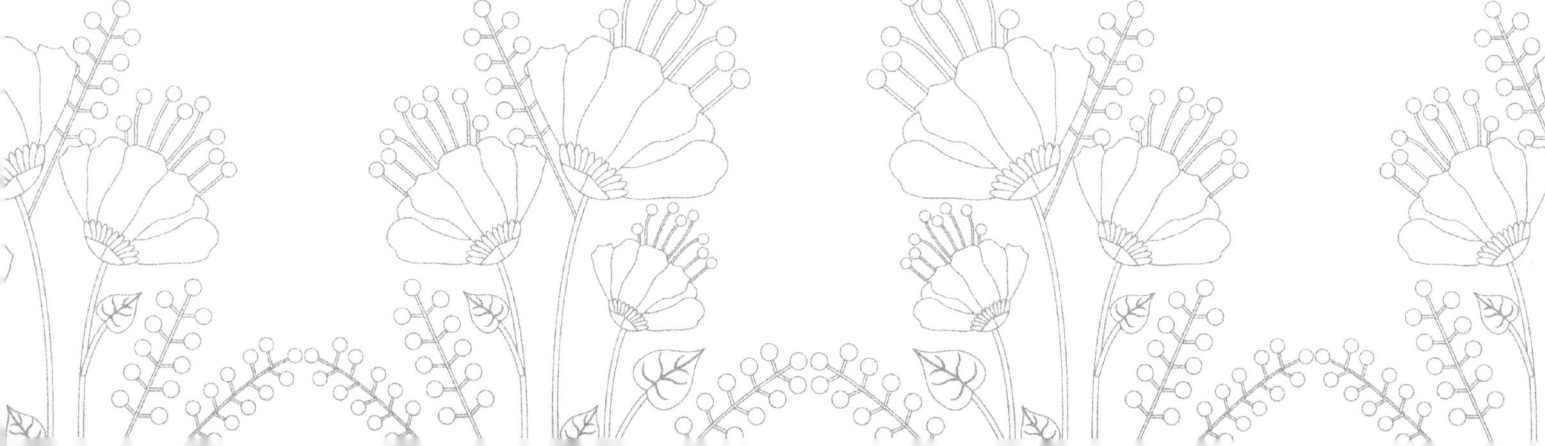

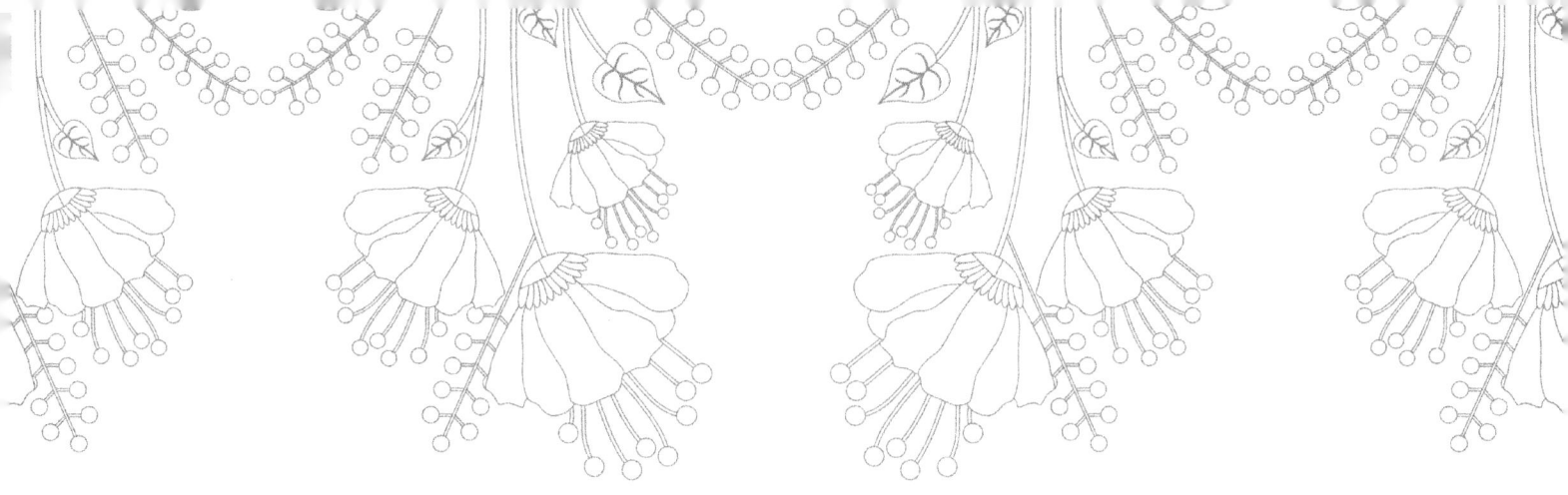

Inhaltsverzeichnis:

Einführung – Eine Notiz des Autors

Kapitel 1 – Meine Opa und ihre Familie

Kapitel 2 – Meine Opa wächst auf

Kapitel 3 – Opa wird erwachsen

Kapitel 4 – Über Opas Kinder

Kapitel 5 – Familientraditionen

Kapitel 6 – Über das Leben und das Verlassen

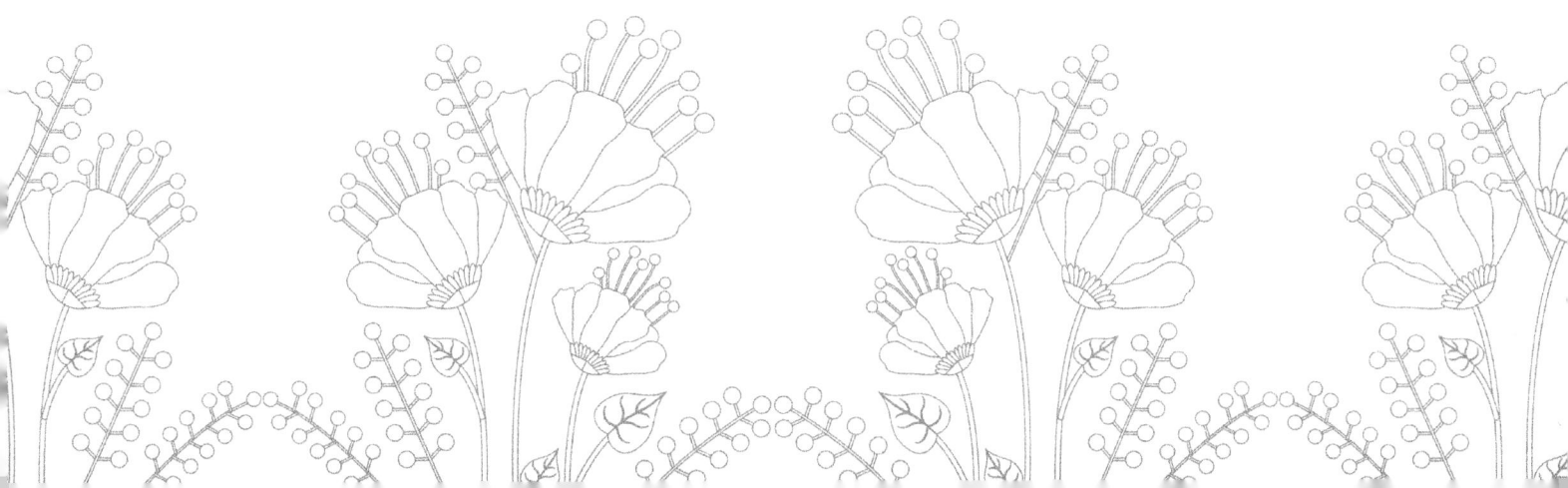

Einführung
Eine Notiz des Autors an Opa

Es gibt niemanden, der so ist wie die Großeltern! Großeltern sind wunderbare Frauen und Männer, die uns Süßigkeiten zustecken und uns Dinge erlauben, denen unsere Eltern niemals zugestimmt hätten. Abgesehen von den zusätzlichen Leckereien und Geburtstagsgeschenken bieten Großeltern den jüngeren Generationen eine Fülle faszinierender Einsichten, die sie aus jahrzehntelanger Lebenserfahrung gewonnen haben.

Ich habe meine Großeltern verloren, als ich noch ein Kind war, und jetzt, wo ich selbst ein Elternteil bin, wird mir klar, dass es so viel gibt, das ich gerne über meine Familie wissen würde. Da ich selbst Kinder habe und meine Eltern nun Großeltern sind, wurde mir klar, dass dies der perfekte Moment ist, um die Erinnerungen meiner Eltern für ihre Enkelkinder festzuhalten.

Dieses Tagebuch wurde für alle und jeden von Ihnen, Großvater - sowohl biologische als auch nicht-biologische - erstellt, um die Momente festzuhalten und zu teilen, die Ihr Leben geprägt haben. Das Tagebuch enthält interessante Fragen aus der Sicht eines neugierigen Enkelkindes, die Sie auf Ihrem Weg, Ihre Lebensgeschichte zu schreiben, begleiten sollen.

Wenn Sie dieses Buch fertiggestellt haben, wird es ein besonderes Erinnerungsstück sein, das Ihre Familie über Sie erfahren wird, wenn Ihre Reise zu Ende geht. Es ist Ihre Chance, die nächste und übernächste Generation mit Ihren Erfahrungen, Errungenschaften und Lebenslektionen zu inspirieren.

Auch wenn Sie sich dessen noch nicht bewusst sind, ist dieses Tagebuch Ihre Familiengeschichte. Es ist die Geschichte, von der Sie möchten, dass Ihre Lieben sie eines Tages lesen können. Und an diesem Tag wird uns allen klar, dass die Menschen, die wir lieben, nie verschwinden, sondern neben uns gehen … ungesehen, ungehört und doch immer nah. Immer noch geliebt, immer noch vermisst und sehr geschätzt.

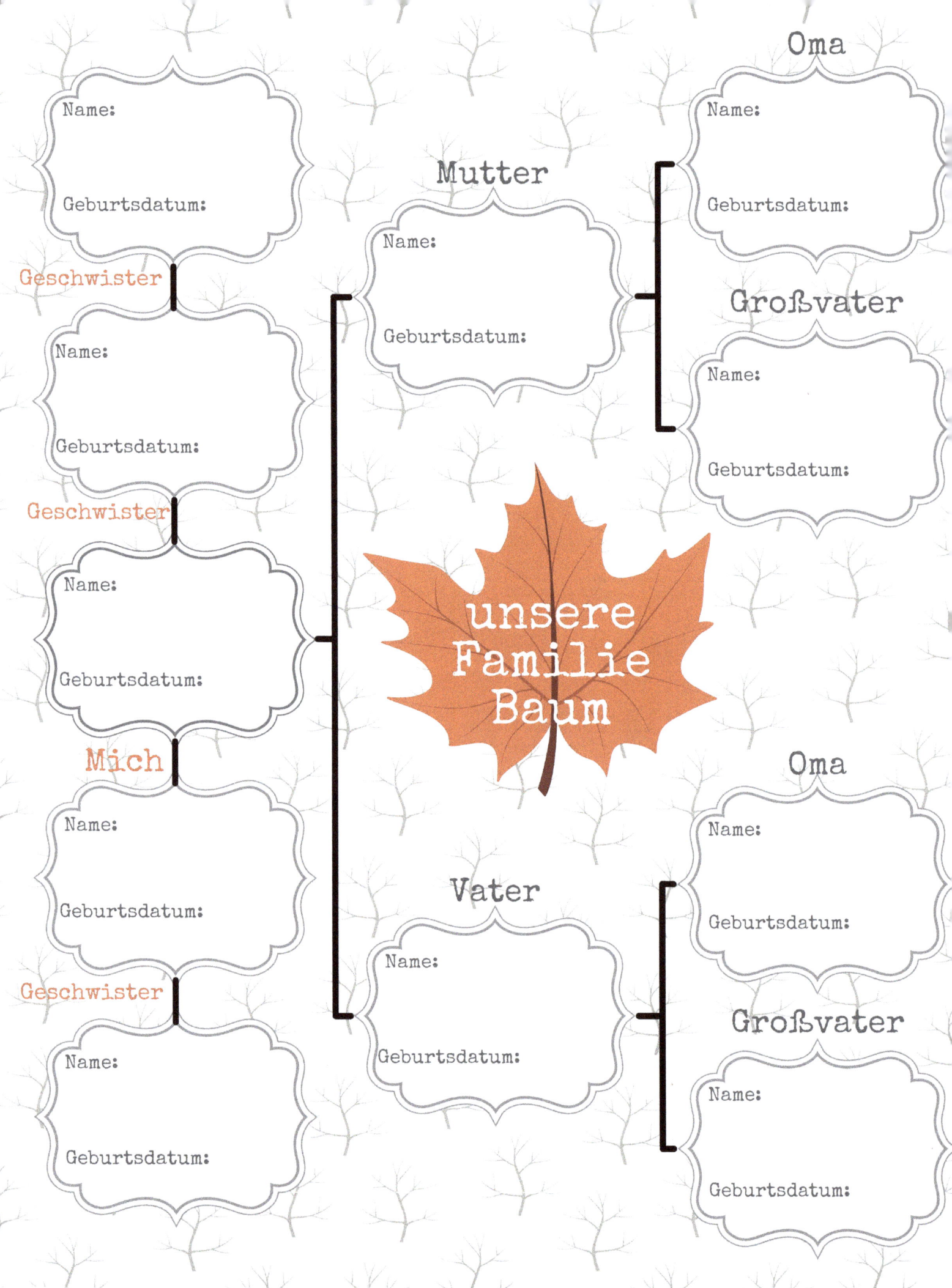

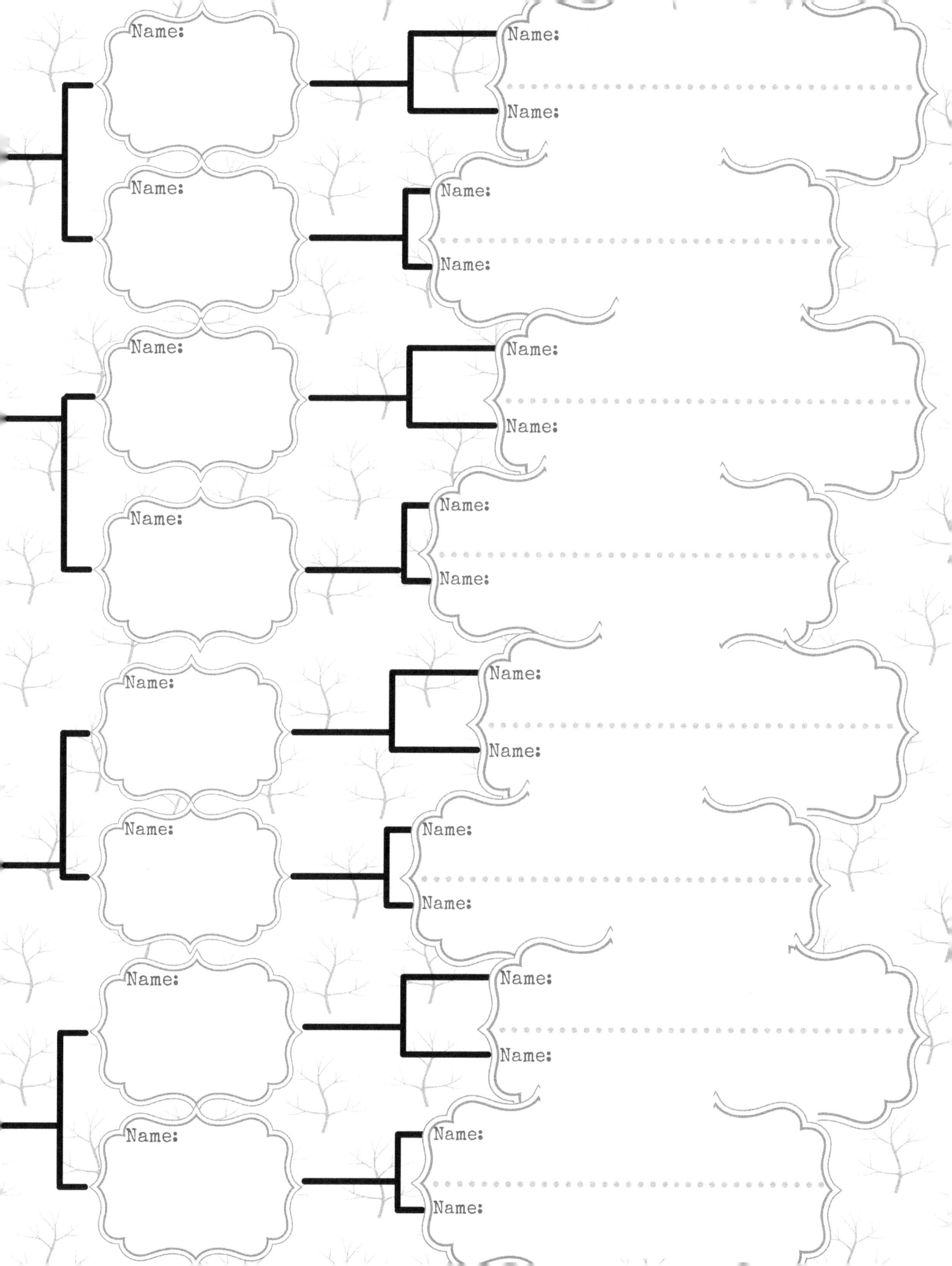

Wann wurdest du geboren?

- Wann wurdest du geboren? Wurdest du in einem Krankenhaus, zu Hause oder woanders geboren?

- Vollständiger Name

- Geburtsdatum

- Geburtsort

- Augenfarbe

- Haarfarbe

- Besondere Erkennungsmerkmale

- Wurdest du nach einer Person/einem Familienmitglied benannt?

- Hat dein Name eine besondere Bedeutung?

- Magst du deinen Namen oder magst du ihn nicht? Warum ist das so?

- Wie hat deine Mutter dich genannt? Hat sie andere Namen benutzt, wenn sie wütend war? Was ist, wenn sie stolz oder glücklich war?

- Hast du einen Spitznamen, den deine Geschwister oder Freunde verwenden?

- Wie bist du zu diesem Spitznamen gekommen?

- Wenn du dir einen anderen Namen aussuchen könntest, wie würde er lauten? Und warum?

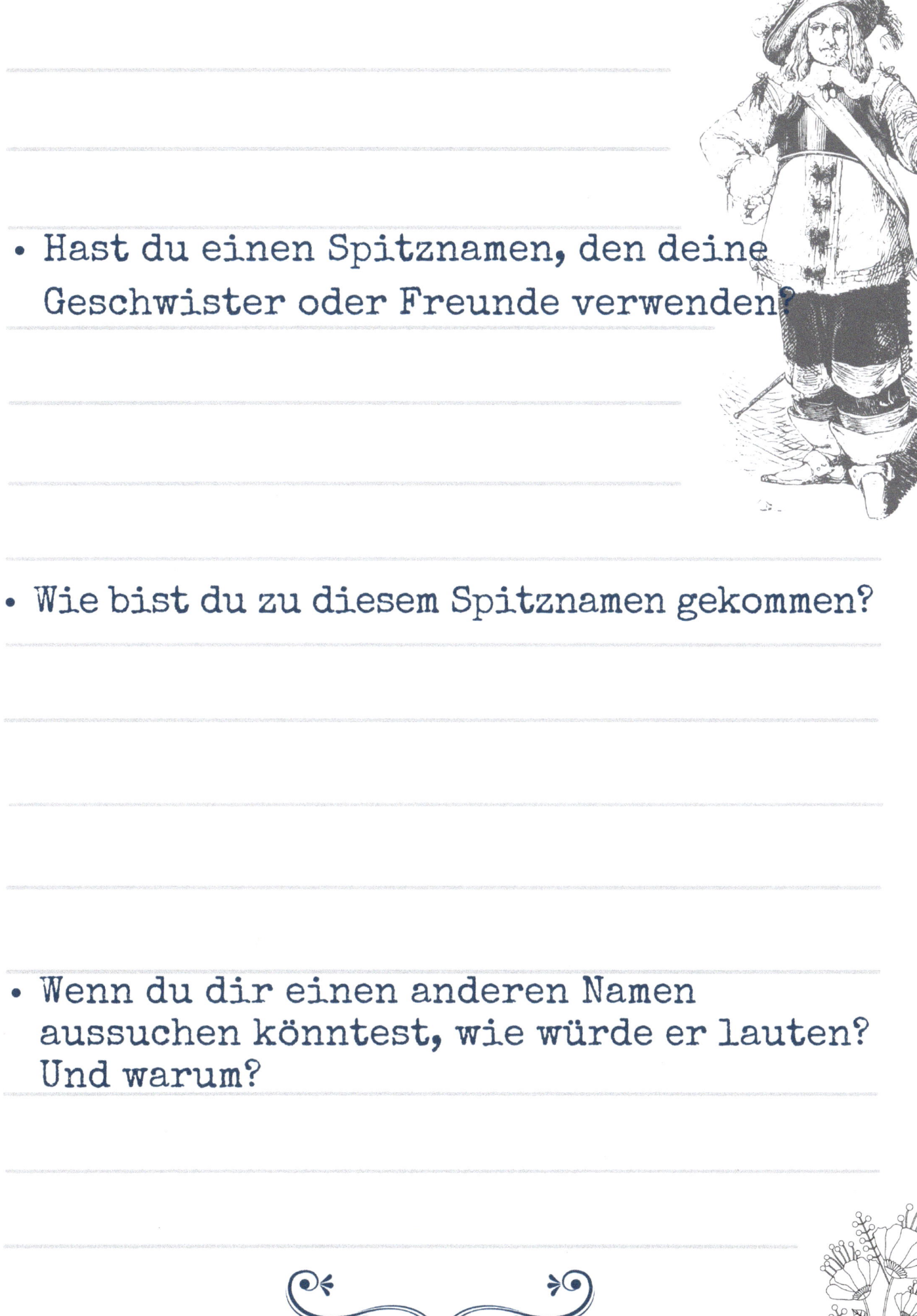

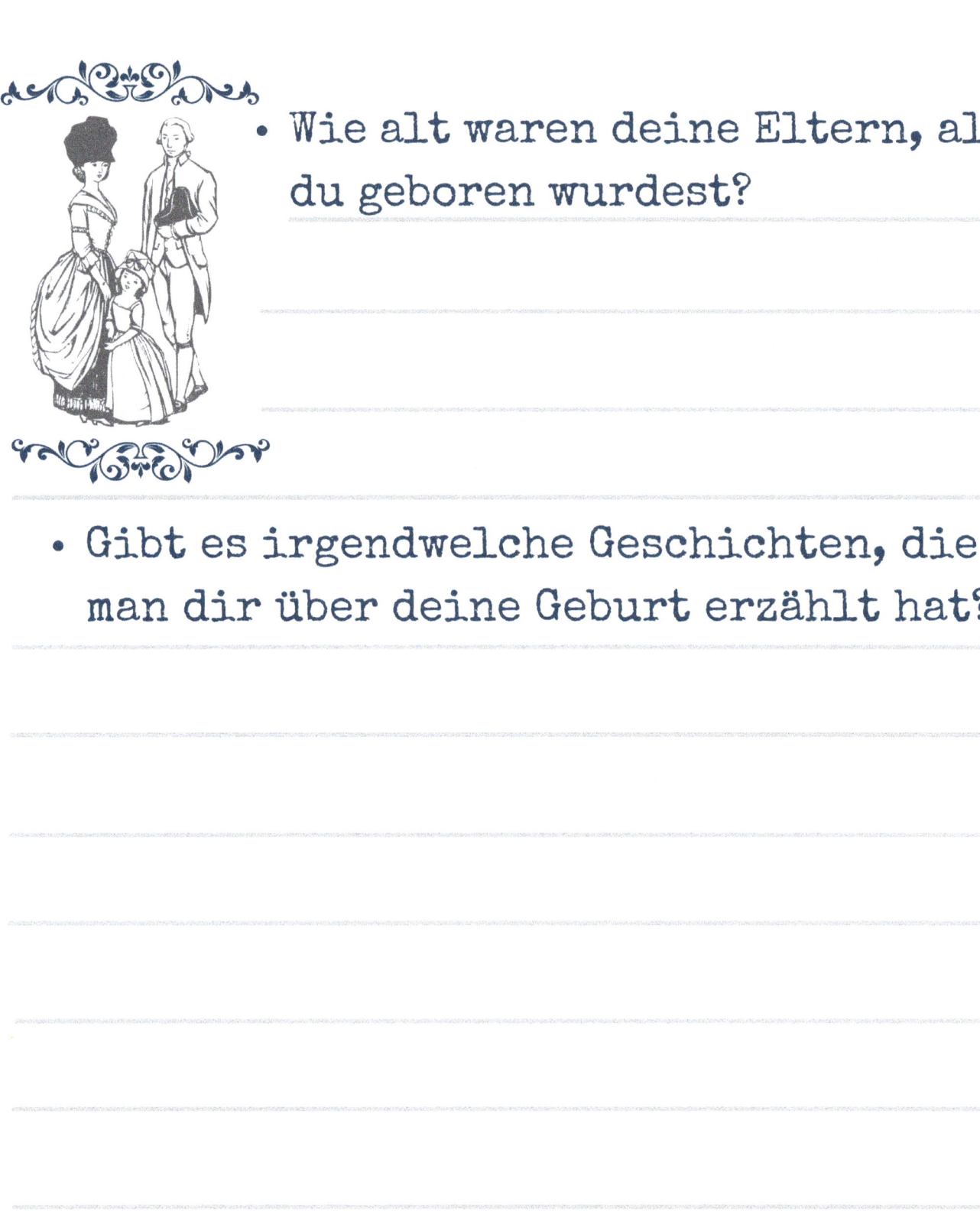

- Wie alt waren deine Eltern, als du geboren wurdest?

- Gibt es irgendwelche Geschichten, die man dir über deine Geburt erzählt hat?

- Warst du ein gesundes Baby, oder gab es gesundheitliche Probleme? Woran hast du gelitten?

- Was ist die früheste Erinnerung, die du hast? Erzähl mir mehr.

- Hattest du Geschwister? Wie heißen sie und wie alt waren sie, als du geboren wurdest?

- Hast du dich mit deinen Geschwistern gestritten? Warum?

- Was hat deine Familie in deiner Kindheit zum Vergnügen gemacht?

Opa hast du ein Foto von dir als Baby?

Bitte kleben Sie hier ein Foto, falls vorhanden.

Über die Eltern meiner Opa

- Wie hießen deine Eltern und wo wurden sie geboren?

- Wie viele Kinder gab es in deiner Familie? Wie lauten ihre vollständigen Namen?

- Kannst du mir eine Geschichte oder eine besondere Erinnerung an deine Brüder und Schwestern erzählen? Was hast du gerne mit deinen Brüdern und Schwestern gemacht?

- Was waren die Berufe deiner Eltern?

- Was waren die Lieblingsbeschäftigungen Ihrer Eltern nach der Pensionierung? Wieso den?

- Wie hat deine Familie die Zeit miteinander verbracht, als du jung warst?

- Was ist die wichtigste Lektion, die du von deinen Eltern gelernt hast?

- Woran erinnerst du dich am meisten bei deiner Mutter? Wie war sie als Person?

- Was ist deine schönste Erinnerung an deine Mutter?

- Woran erinnerst du dich am meisten bei deinem Vater? Kannst du deinen Vater beschreiben. Wie war er als Mensch?

- Erzähl mir von deiner schönsten Erinnerung mit deinem Vater.

Opa hast du ein Foto von deinen Eltern?

Bitte kleben Sie hier ein Foto, falls vorhanden.

Über die Großeltern meiner Opa (meine Ur-Ur-Großeltern!)

- Wie waren deine Großeltern?

- Wie oft hast du deine Großeltern besucht?

- Was ist deine schönste Erinnerung an deine Großeltern?

- Womit haben deine Großeltern ihren Lebensunterhalt verdient?

- Welches ist das Lieblingsgericht, das deine Oma dir zubereitet hat?

- Gibt es andere Familienmitglieder, an die du dich besonders gut erinnerst?

- Warum bleiben sie dir besonders in Erinnerung?

Opa hast du ein Foto von
deinen Großeltern?

Bitte kleben Sie hier ein Foto,
falls vorhanden.

Opa hast du ein Foto von deinem Lieblingsfamilienmitglied?

Bitte kleben Sie hier ein Foto, falls vorhanden.

Über das Haus mein Opa

- Wo bist du aufgewachsen?

- Wie sah deine Heimatstadt aus?

- Wie sah deine Nachbarschaft aus?

- Was sind die frühesten Erinnerungen an dein erstes Zuhause?

- Was ist mit anderen Häusern und Orten, an denen du gelebt hast?

Opa hast du ein Foto von deinem Haus?

Bitte kleben Sie hier ein Foto, falls vorhanden.

Opa als Kind

- Was war deine Lieblingsspielzeug oder deine Lieblingsbeschäftigung als Kind?

- Was war dein Lieblingstier, als du ein Kind warst?

- Was war eine deiner Lieblingssendungen als Kind?

- Was siehst du dir jetzt gerne an?

- Was ist eine deiner Lieblingserinnerungen aus deiner Kindheit?

- Welche Art von Aufgaben hast du als Kind erledigt?

- Hattest du gute Noten?

- Welches war dein Lieblingsfach oder dein Lieblingslehrer in der Schule?

- Was hast du nicht gerne gegessen?

- Welche Art von Büchern hast du gerne gelesen?

- Was wolltest du werden, wenn du erwachsen bist?

- Was ist jetzt eine deiner Lieblingsbeschäftigungen?

Opa hast du ein Foto von dir als Kind?

Bitte kleben Sie hier ein Foto, falls vorhanden.

Als Opa ein Teenager war

- Was war deine Lieblingsbeschäftigung als Teenager?

Wo bist du zur Schule gegangen, auf die High School und das College oder die Handels-/Fachschule?

- Hast du Taschengeld bekommen? Wie viel war es und wofür hast du dein Geld ausgegeben?

- Was war das Rebellischste, was du als Jugendlicher getan hast?

- Bist du als Kind oder Jugendlicher jemals in Schwierigkeiten geraten? Wieso den? Erzähl mir mehr.

- Hattest du eine Ausgangssperre und um wie viel Uhr war diese? Hast du jemals die Sperrstunde verpasst? Wie war die Reaktion deiner Eltern? Wurdest du bestraft? Wie?

- Was haben deine Freunde zum Spaß gemacht, als du jung warst?

- Hattest du einen besten Freund? Wie hieß er/sie und woran erinnern Sie sich, wie Sie die meiste Zeit zusammen waren?

- Hast du in deiner Jugend jemals etwas gesammelt? Was ist mit Ihrer Sammlung passiert? Hast du es noch?

- Nenne mir eine Erinnerung mit deinem besten Freund.

- Erinnerst du dich an deinen ersten Kuss?

- Wer war dein erstes Date? Erinnerst du dich an ihren Namen? Wo habt ihr euch getroffen? Erzähl mir mehr über dein erstes Date.

Opa hast du ein Foto von dir als Teenager?

Bitte kleben Sie hier ein Foto, falls vorhanden.

Kapitel 3

Opa wird erwachsen

Opa Alleine

- Welches ist der schönste Ort, an den du gereist sind?

- Welche Stadt besuchst du am liebsten?

- Hast du eine Lieblingserinnerung an einen Familienurlaub? Warum ist das Ihr Favorit?

- Übst du eine Religion aus? Welchen Einfluss hat die Religion auf dein Leben gehabt?

- Was ist deine Lieblingsfarbe?

- Welches ist dein Lieblingsgericht?

- Welches ist dein Lieblingsbuch, -film und -lied?

- Was ist der beste Ratschlag, den du jemals jemandem gegeben hat?

Opa hast du ein Foto von dir als junger Erwachsener?

Bitte kleben Sie hier ein Foto, falls vorhanden.

Die frühe Karriere der Opa

- Hattest du einen Job?

- Was war dein erster Job?

- Wie hast du dich für den Beruf entschieden? Was/wer hatte eine große Rolle bei der Berufswahl?

- Hattest du ein Auto? Was war dein erstes Auto?

- Wie alt waren Sie damals und wer hat das Auto für Sie gekauft?

Opa hast du ein Foto von
dir bei der Arbeit?

Bitte kleben Sie hier ein Foto,
falls vorhanden.

Opas Liebe und Ehe

- Wie hast du Oma kennengelernt? Erzähl mir davon.

- Was magst du am liebsten an Oma?

- Wie war dein Heiratsantrag? Warst du ein romantischer Freund?

- Wo fand eure Hochzeit statt? Wer war dein/e Trauzeuge/ Trauzeugin?

- Was ist die schönste Erinnerung an Ihren Hochzeitstag?

- Warst du schon mehr als einmal verheiratet? Können Sie mir mehr über Ihre anderen Ehen erzählen?

- Wenn du die Zeit zurückdrehen könntest, würdest du immer noch Oma heiraten?

- Was ist Ihrer Meinung nach das Wichtigste beim Heiraten?

- Wenn ich morgen heiraten würde, was ist Ihr Rat/Ihre Weisheit für mich?

Opa hast du ein Foto von deiner Hochzeit, das du mir zeigen möchtest?

Bitte kleben Sie hier ein Foto, falls vorhanden.

Wo Opa lebte

- Wo habt ihr als frisch verheiratetes Paar gewohnt?

- Erzählen Sie mir mehr über die Orte, an denen Sie zusammen gelebt haben, bevor Sie Ihr erstes Haus gekauft haben.

- Erzähl mir von eurem ersten Haus (Hatten Sie Kinder, wie haben Sie das Haus gefunden, wie haben Sie dafür bezahlt, was hat Ihnen an diesem Haus gefallen?)

- Wenn du an einem anderen Ort hättest leben können, wo wäre das gewesen?

- Wenn du in einer anderen Epoche hättest leben können, welche wäre das?

- Wenn du ins Weltall reisen könntest, würdest du es tun?

- Was ist deine liebste technische Erfindung, die in deinem Leben gemacht wurde?

- Bereust du etwas?

- Wenn Sie Ihr Leben neu beginnen würden, was würden Sie anders machen?

Opa, hast du ein Foto von dir und Oma, bevor du Kinder hast?

Bitte kleben Sie hier ein Foto, falls vorhanden.

Opa hast du ein Foto von deinem Haus?

Bitte kleben Sie hier ein Foto, falls vorhanden.

Kapitel 4

Über Opas Kinder

Opas Kinder mein Elternteil, meine Tanten und Onkel

- Wie viele Kinder hattest du insgesamt?

- Wie lauten ihre Namen, Geburtsdaten und Geburtsorte?

- Warum hast du sie so genannt?

Opa, hast du ein Foto mit all deinen Kindern zusammen?

Bitte kleben Sie hier ein Foto, falls vorhanden.

Opa, hast du ein Foto mit
all deinen Kindern
zusammen?

Bitte kleben Sie hier ein Foto,
falls vorhanden.

Mein Elternteil ist geboren

- Erzähl mir von dem Tag, an dem mein Elternteil geboren wurde?

- Was ist eine Ihrer schönsten Erinnerungen an das Vatersein?

- Was war das Schönste am Elternsein?

- Was ist deine schönste Erinnerung mit meinem Elternteil?

Opa, hast du ein Foto vom Tag der Geburt meiner Eltern?

Bitte kleben Sie hier ein Foto, falls vorhanden.

Mein Elternteil als Kind

- Erzähl mir eine lustige Geschichte über mein Elternteil?

- Gibt es lustige Dinge über deine Kinder, die besonders auffallen?

- Hatte mein Elternteil ein Lieblingsspielzeug?

- Was war eine Sache, die mein Elternteil getan hat und auf die du am meisten stolz warst?

- Was war eine Sache, die mein Elternteil getan hat und die dich am verrücktesten gemacht hat, und warum?

- Was hast du zum Spaß gemacht, als mein Elternteil ein Kind war?

Opa hast du ein Foto von meinen Eltern als Kind?

Bitte kleben Sie hier ein Foto, falls vorhanden.

Über die Ausbildung meines Elternteils

- Was wollte mein Elternteil werden, wenn sie/er erwachsen ist?

- Warst du als Elternteil streng oder nachsichtig?

- Welche Regeln gab es in eurem Haushalt?

- Für welche Hausarbeiten war mein Elternteil verantwortlich?

- War mein Elternteil gut darin, Hausarbeiten zu erledigen? Waren meine Eltern ein verantwortungsbewusstes Kind?

Opa hast du ein Foto vom Abschlusstag meiner Eltern?

Bitte kleben Sie hier ein Foto, falls vorhanden.

Über das Familienleben meines Elternteils

- Was ist die lustigste Familiengeschichte, an die du dich erinnerst?

- Wie haben sich meine Eltern kennengelernt?

- Was war dein erster Eindruck, als du mein anderes Elternteil kennengelernt hast?

- Hat mein Elternteil irgendwelche Haustiere besessen? Welches war das erste Haustier?

- Wenn Tiere sprechen könnten, was würde dein Haustier über mein Elternteil sagen?

- Was war die schwerste Entscheidung, die mein Elternteil treffen musste?

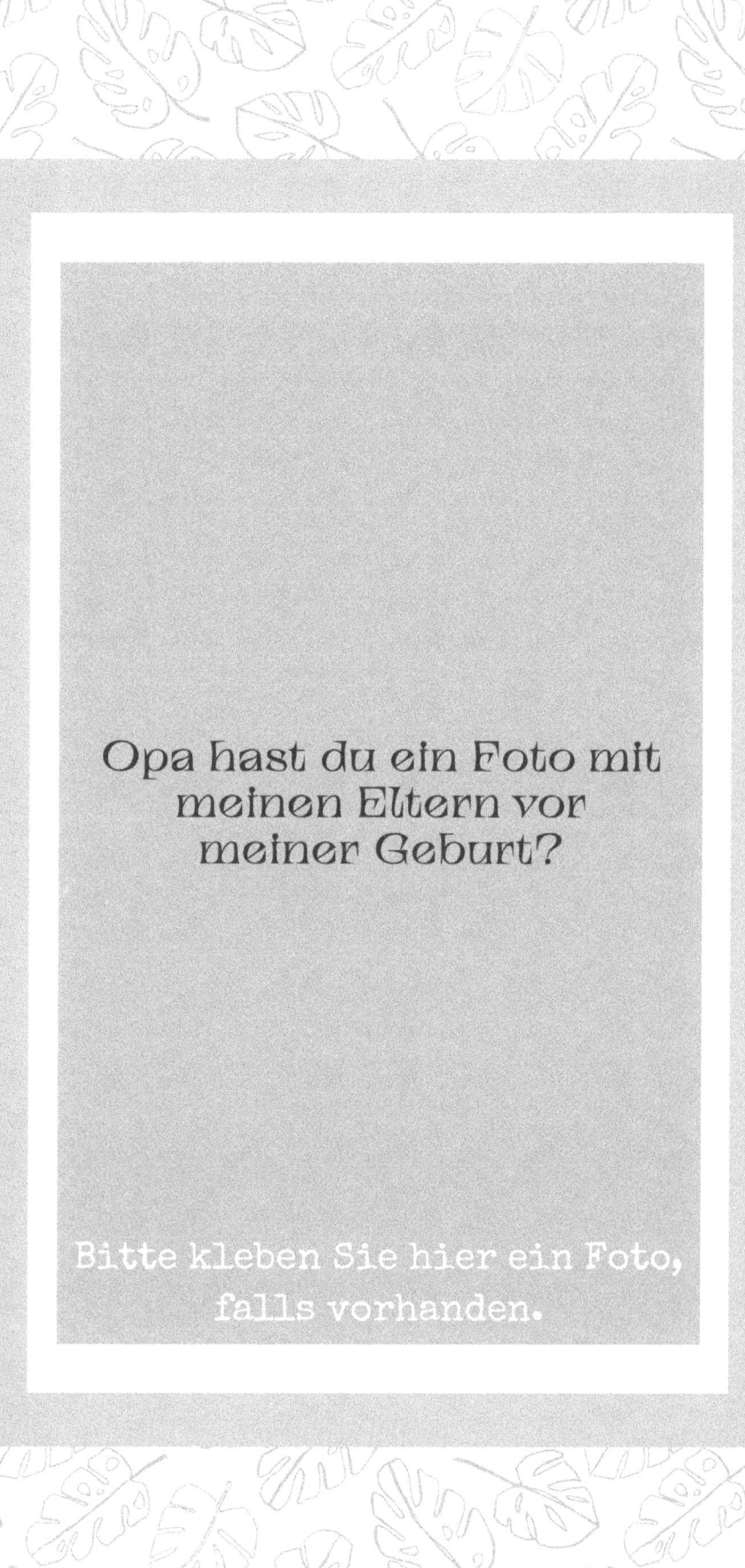

Opa hast du ein Foto mit meinen Eltern vor meiner Geburt?

Bitte kleben Sie hier ein Foto, falls vorhanden.

Kapitel 5

Familientraditionen

Unsere Familienfeiern

- Bei welcher Art von Veranstaltungen kommt unsere Familie zusammen?

- Hast du einen bevorzugten Feiertag? Welche und warum?

- I.Was gefällt dir an diesem Feiertag am besten?

- Wer kommt immer zu spät zu Familientreffen?

- Gibt es eine besondere Tradition, die unsere Familie bei ihren Zusammenkünften pflegt?

Opa hast du ein Foto von unserem Familientreffen?

Bitte kleben Sie hier ein Foto, falls vorhanden.

Unsere Familienrezepte

- Welches ist dein Lieblingsfamilienrezept?

- Von wem hast du es?

- Welches sind die besten traditionellen Gerichte, die du zu verschiedenen Anlässen wie Weihnachten, Ostern, Neujahr usw. kochst?

- Welches ist das Lieblingsrezept meines Elternteils?

Rezept für _____

AUS DER KÜCHE VON _____

DIENT _____

VORBEREITUNGSZEIT _____

GESAMTZEIT _____

OFENTEMPERATUR _____

NAME DES GERICHTS

ZUTATEN

RICHTUNGEN

Rezept für _____

NAME DES GERICHTS

RICHTUNGEN

HINWEISE / MÖGLICHE VERBESSERUNGEN:

Rezept für

AUS DER KÜCHE VON

NAME DES GERICHTS

ZUTATEN

DIENT

VORBEREITUNGSZEIT

GESAMTZEIT

OFENTEMPERATUR

RICHTUNGEN

Rezept für _____
NAME DES GERICHTS

RICHTUNGEN

_____
_____
_____
_____
_____
_____

HINWEISE / MÖGLICHE VERBESSERUNGEN:
_____
_____
_____
_____

Rezept für _____

AUS DER KÜCHE VON _____

NAME DES GERICHTS

DIENT _____

VORBEREITUNGSZEIT _____

GESAMTZEIT _____

OFENTEMPERATUR _____

ZUTATEN

RICHTUNGEN

Rezept für

NAME DES GERICHTS

RICHTUNGEN

HINWEISE / MÖGLICHE VERBESSERUNGEN:

Rezept für

AUS DER KÜCHE VON

NAME DES GERICHTS

DIENT

ZUTATEN

VORBEREITUNGSZEIT

GESAMTZEIT

OFENTEMPERATUR

RICHTUNGEN

Rezept für

NAME DES GERICHTS

RICHTUNGEN

HINWEISE / MÖGLICHE VERBESSERUNGEN:

Rezept für

AUS DER KÜCHE VON

NAME DES GERICHTS

ZUTATEN

DIENT

VORBEREITUNGSZEIT

GESAMTZEIT

OFENTEMPERATUR

RICHTUNGEN

Rezept für

NAME DES GERICHTS

RICHTUNGEN

HINWEISE / MÖGLICHE VERBESSERUNGEN:

Kaiptel 6

Über das Leben und das Verlassen

Historische Ereignisse im Leben meiner Opa

- Was waren die unvergesslichsten historischen Ereignisse, die sich in Ihrem Leben zugetragen haben?

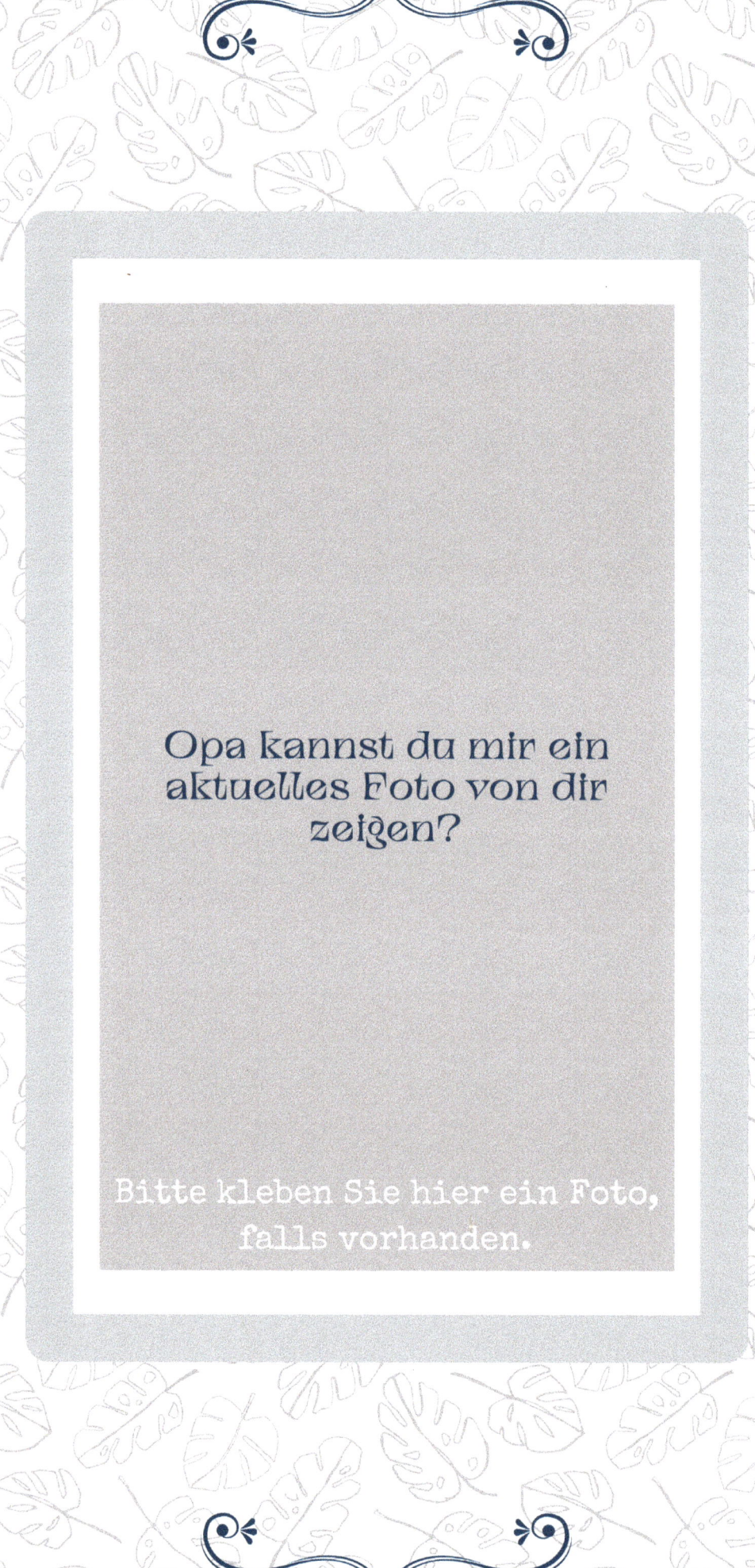

Opa kannst du mir ein aktuelles Foto von dir zeigen?

Bitte kleben Sie hier ein Foto, falls vorhanden.

Opas Weisheit

- Wofür bist du dankbar?

- Was macht dich glücklich?

- Wie gehst du mit Stress um? Sind Sie leicht genervt?

- Gibt es noch etwas auf deiner Wunschliste?

- Hast du ein Lieblingsalter/einen Lieblingsabschnitt im Leben?

- Gibt es irgendwelche Geheimnisse für ein langes, erfülltes Leben?

- Was könntest du mir sagen, das mich überraschen würde, wenn ich es über dich erfahren würde?

- Wenn du ein Superheld sein könntest, welche magische Fähigkeit würdest du gerne für den Rest deines Lebens haben?

- Was ist eine Regel, die du allen vorschreiben würdest?

- Was macht dir am meisten Angst?

- Was ist dein Traum für deine Kinder und Enkelkinder?

- Was ist heute anders, wenn man aufwächst, als wenn du ein Kind warst?

- Was gefällt dir am besten daran, ein Großelternteil zu sein?

- Was ist eine deiner schönsten Erinnerungen daran, eine Großvater zu sein?

Opa hast du ein Foto mit deinen Enkeln?

Bitte kleben Sie hier ein Foto, falls vorhanden.

Familieneigenschaften, die Opa in mir sieht

- Welche Familienmerkmale siehst du in mir?

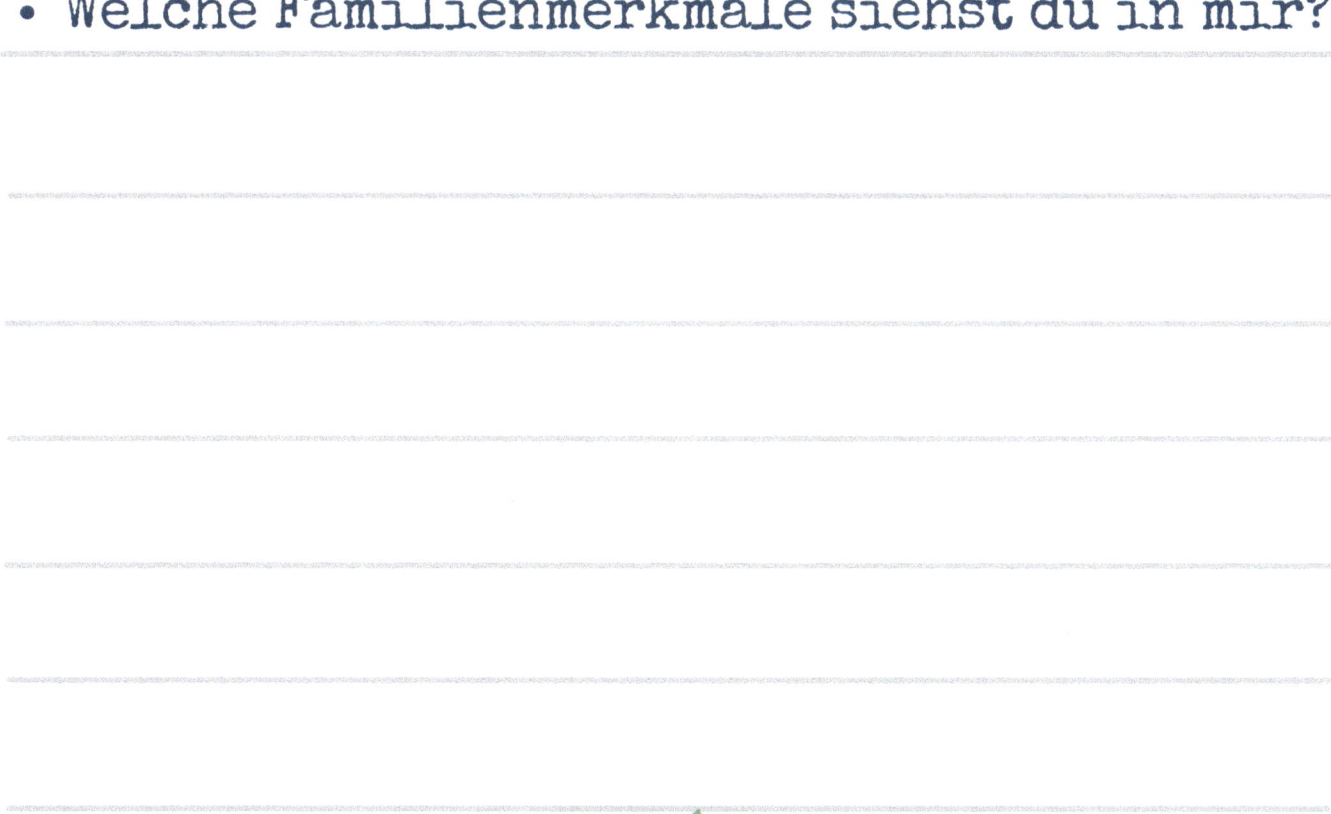

Opas Wünsche für mich

Fortsetzung folgt...

www.ingramcontent.com/pod-product-compliance
Lightning Source LLC
Chambersburg PA
CBHW041233240426
43673CB00010B/327